# Michael Köhlmeier
# Ein Vorbild für die Tiere

*Gedichte*

Carl Hanser Verlag

1 2 3 4 5   21 20 19 18 17

ISBN 978-3-446-25446-6
© Carl Hanser Verlag München 2017
Umschlag: Peter Andreas-Hassiepen, München © Lorenz Helfer
Satz im Verlag, Christina Zeeb
Druck und Bindung: Friedrich Pustet, Regensburg
Printed in Germany

# I.
# Tiger und Löwen

*Nachtgebet*

Auf dem ersten Plakat präsentiert sich
Ein Gesicht als geschlechtslose Larve: Seht,
Ich habe Lust, mich für euch zu quälen!
Als Krone setze ich mir den Totenschädel auf,
Alles an mir müsste Schmerz sein,
Und dennoch lächle ich!

Vom zweiten Plakat blickt mich ein Tiger an,
Der von all dem nichts weiß,
Der mich töten und fressen würde,
Stünde ich im gleichen Abstand vor ihm,
Wie ich vor seinem Bild stehe.
Gott sei uns Spaziergängern gnädig!

*Der Tod in verschiedenen Erscheinungen*

Mit achtzig kann ein Mann durchaus noch
Über die Stiege aus dem U-Bahnhof steigen.

Nach drei Stufen tritt der Tod etwas näher an ihn heran.
Aber er verschwindet wieder, wenn der Mann innehält

Und den Blick senkt und ein wenig nur wartet.
Der Tod ist geduldig und ohne Häme

Und segelt in seinem Zweimaster über die Felder der Stadt davon.
Die Stiege hat siebenundzwanzig Stufen,

Die lassen sich bequem durch drei dividieren.
Der Tod hat heute eine gute Zeit hinter sich,

Unser vertrauenswürdiger Schlagzeuger,
Der ohne Verzierung seinen Rhythmus schlägt.

Die schrecklichste Vision:
Im Maul eines Tieres zu enden.

*Roman*

Die Postsendung enthielt einen Brief,
Drei CDs
Und ein mit rotem Garn gebundenes Typoskript.
Auf dessen Deckblatt stand:
»Die Stechpalme. Roman«
Zwischen den ersten Seiten lag eine Fotografie.
Sie zeigte eine Frau um die dreißig.
Es war ein Schnappschuss,
Sah aus, als bemerke sie erst im Moment
Des Abdrückens, dass sie fotografiert wird.
Sie hat braunes, lockiges, schulterlanges Haar,
Einen interessant geformten Mund,
Sie blinzelt, ihre Oberarme sind nackt,
Sie trägt etwas Grünes.
Der Brief war geschrieben von der elfjährigen Tochter
   der Frau.
Im ersten Satz sagt sie,
Ihre Mutter wisse nicht, dass sie mir schreibe.
Wenn sie es wüsste, wäre sie wütend.
Die Mutter sei Schriftstellerin
Wie ich.
Sie habe schon einige Romane geschrieben.
Der beigelegte aber sei ihr bester.
Die Mutter habe auch eine schöne Stimme.
Für den Fall, dass ich zu faul sei,
Das Buch zu lesen,
Habe sie mir die CDs mitgeschickt.
Sie habe die Mutter heimlich aufgenommen.

Daher auch die schlechte Tonqualität.
Die Mutter habe ihr am Abend
Vor dem Einschlafen
Immer ein Stück vorgelesen.
Das habe sie heimlich mit dem iPhone aufgenommen.
Ihr älterer Bruder habe drei CDs daraus gebrannt.
Das alles klinge vielleicht so,
Als wäre sie älter als elf,
Als wäre sie schon fünfzehn oder zwanzig.
Sie sei erst elf.
Aber sie sei sehr reif.
Sie habe sich immer um alles kümmern müssen.
Der Vater habe früh die Familie verlassen.
Sicher sei der Roman der Mutter
Nicht schlechter als meine Romane.
Ob ich mich darum kümmern wolle,
Dass er in einem guten Verlag unterkomme.
Die Mutter habe es verdient.
Sie spreche von nichts anderem.
Auch für ihren Bruder und für sie
Würde das Leben leichter werden.

*Auferstehung*

An manchen Tagen ruhen hier die langen Lastwagen,
Und auch ihre Märchen ruhen,
Und ihr Blinken und ihre Launen sind nicht mehr,
Und wir erinnern uns nicht, dass sie waren.
Das erste Riechen,
Und noch gäbe es die Menschheit nicht.
Einen höre ich zum anderen sagen: »Was ist mit Veronika?«
»Hoffentlich lebt sie noch«, antwortet der andere.
Im Bambuskäfig verzweifeln die Bestien.

## *Mystik*

Ein stiller Blick auf meine Stirn,
Und ich greife an die Taschen
Und an die Brust.
Ein Barbar streift mich.

*Anführungszeichen aus Sonne*

Anführungszeichen aus Sonne
Und direkte Rede:
»Herr, ich bitte um Gnade.«
Eingeklammert
Von den langen Schatten am Nachmittag.

*Kulturen*

Japaner denken selten über Metaphysisches nach.
Europäer glauben nicht an Gott,
Wünschen sich aber, dass die Dinge
Über sich hinausweisen.

Wer hat dir das alles beigebracht, fragt sie.
Ich behaupte es doch nur, sagt er.
Auf der Hinfahrt bin ich klüger als auf der Rückfahrt.
Das fällt mir immer wieder auf.

Mich tröstet etwas Süßes, spricht er weiter.
Und ich könnte
Ohne Metaphysik und ohne Transzendenz am Tag
Nicht fröhlich sein.
Mir geht's eher in der Nacht so, sagt sie.

Die Großstadtkämpfer betreten den Waggon.
Römer, wir sind bereit zu morden!
Inspiriert von Montezumas grüner Federkrone.

## *Nahe am Auge*

Nahe am Auge tröstet alles,
Und wenn einer nichts zu tun hat,
Biedern sich ihm die Symbole, Metaphern und Allegorien an.
Die Rose genügt nicht.
»Ich hätte nach diesem Winter«,
Sagt Fredy, der Koch,
»Bald überlegt, wieder umzusatteln.«
Er ist gelernter Automechaniker.
Dieser Winter habe ihn ernster gemacht,
Als er es für vertretbar halte.
Warum sich
Aus dem Neandertaler
Je der Mensch entwickelt habe, sei ihm schleierhaft.
Hat er doch gar nicht, sage ich.

## *Letzter Versuch*

In der Nacht auf dem Weg hinauf durch das Waldstück
Habe sie den Schimmer seines weißen Hemdes gesehen.

»Lass mich vor!«, habe sie ihrer Mutter zugerufen.
»Lass mich vor! Lass mich vor! Er erwischt mich sonst!«

»Aber es war doch nur Einbildung«, sage ich.
»Ja, es war Einbildung«, antwortet sie.

»Wenn du mir in allem zustimmst«,
Sage ich, »kann ich dir nicht helfen.«

*Begegnung auf Plakaten*

Mädchenarme werden gern fotografiert.
Sie definieren Jugend.
Von den Zähnen geht selten ein Reiz aus.
Zähne sind erst schön,
Wenn sie längst hässlich sein könnten.
Marys Institut hat
Einen ausgezeichneten Ruf. Die beste
Werbung sei sie selbst.
»Nicht einmal nachts träume ich schlecht«, sagt sie.

## *Ein Gleichnis*

Nachts auf der Straße erschien ihr ein blutender Mann. Der diktierte ihr Sätze. Sie hatte nichts zu schreiben bei sich und sprach die Sätze auf die Mailbox ihres Geliebten. Sie sagte: »Bitte, das Folgende auf keinen Fall löschen! Es ist ein Diktat.« Der Blutende wusste Dinge, die waren unerhört. Am nächsten Tag dachte sie: Die Sätze schienen mir deshalb unerhört, weil der Mann geblutet hat. »Was habe ich dir gestern Nacht aufs Handy gesprochen?«, fragte sie ihren Geliebten. »Wirres Zeug«, sagte er. »Lösch es einfach«, sagte sie. »Hab ich schon«, sagte er. Hatte er aber nicht. Es waren unerhörte Dinge.

*Hier wohnen wir*

Kommt ein Mann zur Tür herein,
Geht an mir vorbei
Und schaltet den Fernseher aus.
Wir können uns nicht viel leisten.

Satan hat uns besucht.
An der Wand hängen unsere Diplome.
Wir waren hier stets nur Frauen.
Die jüngste war zwölf.

Ist Schwestertod billiger als Tochtertod?
Am Ende weinen alle.
Lassen wir die Gefühle beiseite,
Es bleibt noch genug.

*Bleib im Hotel!*

Sie erwachte
Vom Gelächter
Unter ihrem Fenster.
Sie hörte eine Stimme.

»Er hat um Hilfe gerufen«,
Sagte die Stimme,
»Aber leise, ganz leise. So:
Hilfe, Hilfe …«

*Er und ich*


Da liegt der Löwe,
Also dann,
Greif ihn an!

Mein Gott, an den ich glauben will,
Der hohle Körper, durch den der Sturm
Seine Verwüstung frisst.

Das Böse ist beleidigend.
Ich fordere von der Regierung,
Den Schöpfer des Landes zu verweisen.

Als wollte er
Uns sagen:
Es gibt mich noch.

## *Mississippi*

Sie lebten auf einem Floß. Es war dreißig Meter lang und sechs Meter breit. Der Vater hatte es ausgemessen. Blauer Himmel und Himmel mit Sternen waren über ihnen. Die Ufer bewegten sich. Die Mutter, der Vater, die Schwester, die Großmutter und er selbst gingen dreißig Schritte, gingen sechs Schritte, viel mehr gingen sie nicht. Es sank nicht der Mut, er kannte das Wort nicht. Das Radio empfing nur einen Sender. Nie hatte irgendetwas schlecht gerochen. Nie hatte er etwas gegessen, das er nicht kannte. Im Winter war alles kleiner. Er hatte gelernt zu wissen, dass die Dinge im Frühling und im Sommer wachsen. Die Schwester brachte Unruhe. Rauchen und Rauschen waren Worte, die miteinander nichts zu tun hatten und dennoch ähnlich klangen. Am Ende war alles anders gekommen.

## *Mister Minister*

Er will, dass sie ihn »Mister Minister« nennen. Er sagt: »Kommt Mister Minister, knistert's im Register.« Er lacht gern, und seine Garde lacht mit. Es ist das Lachen, das wir Gebildeten von einer Fotografie des Pol Pot kennen. Die Sonnenbrillengläser reichen bis in die Schläfen hinein.

Am Abend zeige ich Monika ein Bild im *Standard*, eines der berühmtesten Bilder des 20. Jahrhunderts: Willy Brandt kniet in Polen. »Schau nicht ihn an, schau die anderen an«, sage ich. »Der da mit dem Bart, der hinter der Frau vorguckt, der ist der einzige, der mitkriegt, dass etwas Großes geschieht.«

In der Nacht träumen wir von einer Geschäftsidee: ein Telefondienst, bei dem die Anrufer mit den Gräbern ihrer Liebsten verbunden werden. »Jeder Zurückgebliebene hat ein schlechtes Gewissen«, sagen wir.

Mittags am Bahnsteig treffe ich wieder Mister Minister. »Wie geht's?«, fragt er. »Gut«, sagte ich. Ich hätte ihn gern gefragt, woher er mich kennt. Ich wäre ihm vielleicht verdächtig geworden.

## *Der Bildermann*

Die Federkrone des Apachen hat er sich auf den Rücken tätowieren lassen, die Stratocaster von Jimi Hendrix auf den Bizeps, den Refrain von »Knockin' on Heavens Door« zwischen Elle und Speiche, Che Guevaras Antlitz auf die Brust und den Namen einer indischen Göttin in indischer Schrift über den Nabel. Später, als er etwas Geld hatte, ließ er mit Farbe nachbessern. Er wünscht sich den Kopf eines Seeadlers in die linke Handfläche. Das wäre, wie wenn er das schöne Tier beschützte.

*Heimkehr*

Ihr Mann saß auf dem Küchenstuhl.
Dort hatte er gesessen,
Als sie gegangen war.

Sie war froh, wieder
Daheim zu sein. Mir liegt viel
An meinem Mann, dachte sie.

Im Radio liefen die Nachrichten.
Er wandte sich ihr zu. Wie sein Hals
Aus dem Hemdkragen ragte, gefiel ihr.

*Der Jäger*

Die scharfen Speisen und den Schnaps
Halte ich bereit, wenn du kommst.
Teilen wir uns das Fell und die Leber.
Die Klauen ziehe ich auf die Schnur.

Ich bin der Demokrat. Viele Zähne
Beißen besser. Ich nehme die Toten
Auf ins Recht. Was sie einst sagten,
Ist heute noch ihre Stimme.

Barbara kommt mit Blumen.
Ich soll ihre Hunde kennenlernen.
Sie behauptet, es seien irische Wölfe.
Glaub's ihr einfach, sagt meine Frau.

Ihr Mann steht manchmal vor ihrer Tür.
Nie meldet er sich an. Er bleibt
Zwei Tage. Dann geht er wieder.
Ein Rucksack sei sein ganzer Besitz.

*Späte Verzweiflung*

Ich rufe aus einer späten Verzweiflung.
In diesem Alter enden die Tragödien.
Farbe und Ton werden abgezogen.

Ich rufe aus einer späten Verzweiflung.
Mein Bruder ist schon näher am Horizont.
Wer jetzt noch will, ist ein Tyrann.

Ich sehe noch den Puls schlagen!
Wer nimmt mich auf in meiner späten Verzweiflung?
Wer nimmt mich auf in meiner späten Verzweiflung?

## *Kassandra*

Der Schal
Mit der Absicht
Von rot nach violett

Und der Tragödie
In seiner Erinnerung –
Marion hat ihn liegenlassen.

Ihr Blick sagt:
Ich werde geschlagen,
Aber ich ertrage es, auch das.

*Wär ich ein Wolf*

Wär ich ein Wolf, ich schliefe im Rudel;
Ich wüsste, dass ich friere im Winter,
Aber ich wüsste nicht, was Winter ist.

Vielleicht würden wir in eine Höhle ziehen
Wie unser Verwandter, der Fuchs.
Aber wir wüssten nicht, was eine Höhle ist.

Und fänden wir keine Höhle an unserem Weg,
Keiner von uns käme auf die Idee,
Steine übereinanderzuschichten,

So dass ein Hohlraum entsteht, in dem sich leben ließe.
Wir hätten keine Ideen, keine. Selig die Zeiten,
Als der Sternenhimmel die Karte unserer Wege war!

*Der Helm des Kriegers*


Im Helm des Kriegers
Nistet die Grille —

Verlogene oder
Gewonnene Kämpfe.

*Die Familie*

Die Kinder scheiterten. Die Enkel scheiterten.
Der Vater wurde von seinen
Eigenen Wächtern aufgefressen.
Die Mutter hingegen lebte sehr lange.

Nehmen wir uns ein Beispiel an den Tigern.
Sie jagen, lecken Wasser und fressen
Ohne Mitleid, aber mit überlebensgroßem Ernst
Und schließen in der Sonne langsam die Augen.

# II.
# Amseln

*Jedes Blau im Bild ein Auge*

Alvin riecht nach Zigaretten und entschuldigt sich,
Weil er müde aussieht.
»Du hättest mehr Aufmerksamkeit verdient«, sagt er zu mir.
Er habe so gut gegessen und zu viel.

Mit Genuss könne sein Körper nicht umgehen,
Er werde hässlich, blähe sich auf, rieche schlecht
Und um ihn herum die Kleider.
Darum dusche er sich nach dem Essen und ziehe Frisches an.

Heute eben habe er keine Zeit gehabt.
Es sei erst Nachmittag, und er fühle sich wie einer,
Der zwei Nächte durchgemacht habe.
Auch moralisch gehe es abwärts mit ihm in solchen Stunden.

Der Mann ist für jegliche Mitmenschlichkeit zu müde.
Der Mann entdeckt, dass Regeln Mühe kosten.
Der Mann erinnert sich daran,
Wie eine alte Freundschaft an der Müdigkeit zerbrach.

Es piepsen zwar die Meisen,
Es weht zwar der Südwind,
Es riecht mitten im Herbst zwar nach Frühling,
Aber auch die Freude kostet Mühe.

Durch den wolkengrauen Himmel schweben
    Fallschirmspringer,
Kühe liegen im Grünen nebeneinander,

Ein Pick-up steht neben einem Birnbaum,
Klappsessel werden abgeladen.

Krähen beherrschen den engen Horizont.
Jedes Blau im Bild ein Auge
Oder eine Blume
Oder die Schrift auf einem Kuvert.

*Der Andere*

Er ist ein Gespenst.
Seht dies Kind!
Hört die Amsel!
Nicht einmal ich
Kann ihn von mir
Unterscheiden.

## *Auf dem Markt*

Ihr war öfter schwindelig in diesen Tagen.
Nicht, weil sie nichts gegessen hatte.
Sie hatte gegessen.
Wie kann einer leben,
Ohne wenigstens *eine* Ursache zu kennen?
Kirchenglocken
Vermisste sie und die Vögel.

Es ging ihr nicht gut, es ging ihr einfach nicht gut.
Die alten Götter
Deuteten mit ihren gichtkrummen Fingern
Auf sie. Sie schritt am Trottoir entlang,
Als wäre sie unbemerkt,
Und doch schauten alle auf sie,
Tiger, Echsen, Ausgestorbene.

*1. Mai*

Der blaue Himmel zwischen
Antennen und erhobenen Fäusten,

Die Lautsprecherstimmen
Zu den Rändern hin verzögert.

*Alte Freundin*

Sie ist betrunken, schau doch!
Seit sie vom Heroin los ist, verträgt sie
Mehr als zwei von uns zusammen.

Ihre Adern sind noch immer bereit
Und von königlichem Blau,
Und das unter dieser weißen Haut, schau doch!

Aus ihrem Gesicht weht der Tequila,
Ein heimeliger, gutartiger Duft.
Ich wünschte, sie könnte sagen: Ich bin angekommen.

Warum bleibt sie so lange schön?
Die Vögel draußen stimmen die Hymne an,
Die ihnen für diesen Anlass gegeben wurde.

*Eine Minute*

»Ich habe im Traum eine Maschine erfunden«, sagt er.
Seine Finger zittern.
»Sie zittern immer«, sagt er.
»Deshalb komme ich als Kellner nicht in Frage.«
»Und was für eine Maschine?«
»Sie hätte mich rausgeholt.
Ich war verschüttet.«
Unter seinem Haaransatz stand Schweiß,
Ich legte meinen Arm um seinen Kopf.

*Für Lorenz*

Er steht vor dem alten Brett, etwas schief,
Und der Kopf, den er malt, ist etwas schief.
Etwas schief sind auch seine Augen
Und der Blick durchs Fenster
Auf den Garten und über den nächsten Garten
Und die Thujenhecke dazwischen
Und nordische Nadeln und Ziegeldächer
Bis hinauf zum Bahndamm
Und über Oberleitungen und am Ende der Berg,
Von dem seine Schwester gefallen ist
Und auf den seine Mutter täglich steigt.

*Zwei Worte*

Sie habe auf einem Werbescreen
In der U-Bahn von buddhistischem
Gedankengut gelesen.

Eigentlich habe sie nur diese
Beiden Worte gelesen. Eine gewisse
Hoffnung sei seither in ihr.

Die weißen Wolken und das Blaue
Erinnerten sie seither
An Wolken und Bläue auf Gemälden.

»Was könnte das bedeuten?«
»Es wird wieder«, sage ich.
»Bitte, leg noch nicht auf«, sagt sie.

*An den Schienen*

Die Güterzüge vermisse er –
Die gelben Wagen, in denen Schotter transportiert wurde,
Und die schlanken mit den zierlichen Rippen
Und die mit den Schiebetüren an den Seiten,
Die im Sommer offen standen.
Nächstes Jahr, habe er sich gedacht, spring ich auf,
Dann bin ich alt genug
Und aus dem Schmerz der Mutter entlassen.

*Eine Frau, die gern geblieben wäre*

Heute trägt sie den braunen Wildlederrock.
Er betont ihr Bäuchlein. Vielleicht kauft sie
Ein halbes Kilo Kirschen auf dem Markt.
Über Moral unterhalten sich ihre Männer.

Der Wind fährt ins Gras, gleich passiert der Zug
Die ersten Häuser der Stadt. Hier hat vor
Zwanzig Jahren Herr Tömördy gewohnt.
Sie hofft, jemand spricht sie an. Nicht so wie gestern.

*Heißer Sonntag*

Im Rückblick erscheinen die Fehler:
Der Blues vom barbarisch schönen Leben,
Der Walzer vom Bedürfnis nach Beistand,
Die Stille nach der Trauer, dem Kalten, dem Urteil.

*Die heiligen Geräusche*

Der Tod kam aus der Luft,
Die Brüder mit ihren Bärten
Und Ray-Ban-Brillen
Und der Akne auf der Stirn,

Der Tod kam aus der Luft,
Die Frauen mit ihren aufgequollenen Därmen,
Einmal richtig scheißen,
Und die Figur wäre wiederhergestellt,

Zu viele Kirchtürme, zu wenig Wissen,
Zu viel Irrelevantes, zu wenig Kompetenz,
Die eingeschworenen Gebete,
Das Ende meines Volkes.

*In den Wäldern der Nacht*
*(In the Forests of the Night)*

Das alte Wasser steht im Feld.
Wenn ich nicht spreche, wer spricht dann?

Sie erzählt ihm am Telefon von ihren Spaziergängen,
Und dass sie den alten Heiland wiedergefunden habe,

Den traurigen, dessen steinerne Füße
Sie so gern gestreichelt hat, als sie ein Kind war.

Ein Mann kommt über die Wiese. Er hütet Geheimnisse.
Mehr als Kaugummi nimmt er nicht zu sich.

Würdest du gern beim Bahndamm wohnen?
In der Nacht werden die Güterwagen verschoben.

## *Berge und Meere*

für Rudolf Müller

Es sei in Ordnung, dass er nicht mehr rauche.
Er trinke dafür mehr als früher.
Aber esse weniger, kaum noch Fleisch, weniger Süßes.
Er fühle sich toleranter.

Leider spiele Musik keine große Rolle mehr.
Gerade sei ihm in den Sinn gekommen,
Eine Wanderung in den Bergen
Könnte ein altes Glück aufrufen –

Ein Weg, gepolstert mit Tannennadeln, die Abendsonne, golden.
Und gleich anschließend an diesen Gedanken habe er gedacht,
Wahrscheinlich werde er das Meer nie wiedersehen.

Und habe sich erinnert, als er es zum ersten Mal sah:
In Holland, zusammen mit seinem Vater.
Der Vater ist seit einunddreißig Jahren tot.

*Die Mitte von allem*

Um den Türgriff war ein Kuvert
Gerollt und mit Klebstreifen befestigt.
Etwas Handgeschriebenes zupfte ich heraus,
Klein gefaltet, bis es weiter nicht mehr ging.
Ein Brief, und er war um eine Bitte herumgeschrieben.
Ich solle nicht mehr böse sein.
Aber keine Unterschrift.
In meinem Leben war zu dieser Zeit niemand,
Der so etwas hätte an mich schreiben können.
Niemand war ungerecht zu mir gewesen
Oder hatte sich mir gegenüber schlecht benommen.
Dabei hätte ich sehr gern vergeben zu dieser Zeit.
Zu vergeben hätte zu dieser Zeit eine Aussicht enthalten.
Drüben über dem Fluss gab es ein Grundstück,
Das zu erwerben ich im Begriff war.
Der Brief an diesem Abend wirkte.
Er wirkte auf Dinge, die nichts mit ihm zu tun haben konnten.
Per Mail trat ich von meiner Kaufabsicht zurück.
Der Gedanke,
Ein Grundstück zu besitzen,
Löste an diesem Abend Ekel in mir aus.
An diesem Abend rief ich
Meine Schwester an und sagte,
Ich wolle mit ihr über den Tod unserer Eltern sprechen,
Die Mutter sechs Jahre nach dem Vater.
Stattdessen redeten wir eine Stunde lang über ihre Scheidung,
Die lag zwanzig Jahre zurück. Sie warf mir vor, dass ich damals
Nicht bereit gewesen sei, ihr zuzuhören. Und sie warf mir vor,

Dass ich von uns beiden reich geworden sei und sie nicht.
Am Ende des Telefonats,
Da war fast Mitternacht,
Erzählte ich ihr von dem Brief,
Der um den Türgriff zu meiner Wohnung gewickelt war,
Und dass ich keine Ahnung hätte, von wem er stammen könnte,
Aber auch nicht glaube, dass ich verwechselt worden sei,
Verwechslungen geschähen ja doch nur in Komödien,
Nicht aber in der Wirklichkeit,
Wo das eine vom anderen klar getrennt sei.
Sie an meiner Stelle, sagte sie, wäre beunruhigt.
In der Nacht meinte ich zu träumen.
Ich meinte zu träumen, ich liege in einem fremden Zimmer,
Und eine Gestalt stürzt sich zum Fenster herein,
Mit den Armen und dem Kopf zuerst,
Dann eine lautlose Rolle auf dem Boden,
Ein Turner, der auf Abwege geraten war.
Aber es war kein Traum.
Ich bin in dieser Nacht überfallen worden.
Ich habe mich ruhig verhalten, und mir ist nichts geschehen.
Auch gestohlen worden ist nicht viel.
Als der Einbrecher merkte, dass da einer liegt,
Ist er davon.
Gerade meine Geldbörse hat er mitgenommen,
In der war in dieser Nacht fast gar nichts.

*Unten am Fluss*

Ich muss wieder zum Fluss hinunter,
Zu der Stelle, wo ich für meine Tochter
Gebetet habe um eine ausreichende Note!

Einmal war dort ein Mann gewesen,
Der trug eine grüne Jeansjacke,
Er hatte eine Zigarette auf den Lippen

Und zündete das Gras am Ufer an.
Er tat, als wäre dies seine Aufgabe.
Ein Zeitungsblatt lag am Weg,

Ich sah es verwelken, verrotten,
Verschwinden – über den Herbst
Und den Winter bis zum Föhn im Februar.

## *Falls es nicht für dich ist*

für Monika

Falls es nicht für dich ist, das Lied,
Dann für den falschen Frühling im Februar
Oder die Amsel auf der Antenne im August
Oder das kleine Mädchen, das mich ansieht
Und die Hände auf dem Rücken versteckt.

Falls er nicht für dich ist, der Ruf in der Nacht,
Dann für den Hl. Antonius von Padua,
Der mir geholfen hat, die Brille zu finden,
Und unserem Sohn die Braut zugeführt hat,
Die Liebe aus Spanien.

Falls sie nicht für mich ist,
Für mich allein, meine ich,
Die Bahre, die breite,
Auf der du neben mir Platz hättest –
Überleg's dir.

*Vor dem Sonnenuntergang*


In aller Ruhe: Was hast du vorzubringen?
Dass die Mütter die Kinder anschreien.
Zu viel Beschreibung macht fromm.
Mitten im Regen geht einer barhäuptig.

Er ist ein Relikt aus jener Zeit,
Als der Mensch noch nicht gemessen wurde.
Wir denken an die Abende im Wirtshaus
Und das würdevolle Gegröle.

Diese Allee, sagt Dr. Robert,
Ist auf meine Anregung hin gepflanzt worden.
Ich vermisse dich, deine dunkle Stimme.
Du hast deine Handschuhe bei mir vergessen.

Das Böse ist der Trainingsort des Guten.
Auf der Straße liegt ein Schimmer
Wie ein Scherben, in dem ich mich sehe.
Das Böse ist der Trainingsort des Guten.

*Verteilung der Erzengel*

Die Sonne ist da! Lass uns
Durch den jüdischen Friedhof spazieren!
Mein Erzengel schwebt nieder,
Deine Haare wehen im Wind seiner Flügel.

Nun ist die Sonne da, und der Engel
Wirft seinen Schatten.
Die Hellen sind von den Dunklen
Kaum mehr zu unterscheiden.

Wem gehört der Michael?
Den Judenmenschen
Oder den Christenmenschen?
Dem, der sich vor ihm fürchtet, wohl.

Es gibt keinen Beweis, aber ist es nicht wahrscheinlich,
Mein Lieb, dass Gott und Ewiges Leben
Einander bedingen? Dass wir sind –
Wenigstens bis zum Untergang der Gestirne.

## *Augenblick der Abkehr*

»Ich kann nicht zugleich an allen vier Ecken meines Körpers zufrieden sein«, habe er auf ein Blatt geschrieben, das er sich vom Kellner hatte geben lassen. Er wusste nicht, was er damit meinte. Der Satz war ihm eingefallen, und er hatte ihn vor sich hingesagt, bis er niedergeschrieben war. »Was hätte daraus werden sollen?«, fragte ich ihn. »Eine Art Selbstvergewisserung«, antwortete er. Mir fiel Empedokles ein, der in die Glut des Ätna gesprungen war, was auch eine Art der Selbstvergewisserung hätte sein sollen. Ich sprach aus, was mir durch den Kopf ging. »Wenn ein Philosoph Selbstmord begeht«, sagte seine Frau darauf, »dann ist es etwas Besonderes.« »Du sagst es so, als wäre es nicht etwas Besonderes«, sagte er. »Ich glaube, sie meint es, wie sie es sagt«, sagte ich. Ich an ihrer Stelle hätte mir die Haare geschnitten. Oder vielleicht doch nicht. Ihre einsamen Blicke bekamen durch die langen Haare Gewicht.

*Bei den Wellen*

Der Konjunktiv ist der Schlüssel
Zum Rätsel des Ödipus.

Im Saum der Wolldecke
Nisten die Flöhe.

Ich krieg die Wunde nicht los.
Dein Telefon ruft dich.

*Die Kindheit der Dämonen*


Manche Engel wurden träge,
Schlugen nicht mehr
Mit den Flügeln
Bei Tag und bei Nacht,

Wollten schlafen und träumen
Und Dinge hören im Traum,
Die unerhört waren,
Und sanken hinab und hinab.

Lockenkopf, der Duft deiner Haare
Lässt mich träge werden,
Im Traum rückst du heran, und
Draußen sprühen die Funken.

Wollen wir den nebligen Tag
Im Museum verbringen?
Mein Freund, du kennst ihn,
Er schuldet mir etwas,

Er hat sich einen Alpha Romeo
Gekauft, er borgt ihn mir gern.
Fahren wir in die Berge!
Der Nebel liegt tief.

*Gegen Sommerende*

Schau, da sind: die Überlandmasten
Mit den roten Kugeln an den Drähten,
Um die Flugzeuge zu warnen.

Auch Resignation braucht Kraft.
Ich höre die Hörner schallen.
Ein Pfundskerl, der Pfarrer, nicht wahr!

Unten beim Sumpfloch den Geruch mag ich,
Und den Teergeruch im Keller beim Ölhändler mag ich.
Und seine Tochter. Wenn sie außer Haus ist.

# III.
# Hähne

*Mein alter, guter Freund*

Er sei, sagt er,
So sehr von Sorgen
Bedroht, dass sein Schädel
Nicht mehr durch die Tür
Seines eigenen Hauses passt.

Das fängt an
Bei den Wolken
Und endet in den Armen
Seiner Geliebten,
Denen er nicht mehr traut.

*Nach der großen Regennacht*

Nach der großen Regennacht
Am Morgen am Balkon:

Noch immer hältst du meinen Kopf
Zwischen deinen Händen,

Frau mit den Cowboystiefeln
Und den mächtigen Beinen.

*Der Verbrecher*

Als sie beide sieben waren,
Drei Häuser voneinander entfernt wohnten,
Er bei Mutter, Großmutter, Urgroßmutter,
Sie mit drei Geschwistern,
Hat er sie jeden Morgen für die Schule abgeholt.

Und sie hat sich versteckt,
Hat geweint,
Und eines Tages war sie zusammengebrochen.

Er habe gesagt,
Beichtete sie,
Er wisse genau,
Dass ihr Vater nicht ihr Vater sei,
Sondern ein Verbrecher,
Der bei ihrer Mutter Unterschlupf gefunden habe
Und die Mutter jede Nacht bedrohe.

Es war mühsam gewesen, das Vertrauen
Zum Vater wiederherzustellen.
Danach war er ein anderer Mann für sie.
Dem Jungen wurde eine lange Liste verboten.
»Wie kann ein Kind so ein Verbrechen begehen!«,
Sagte ihre Mutter seiner Mutter auf den Kopf zu.

Das alles ist nie vergessen worden.
Von keinem.
Wenn heute

Der Vater dem inzwischen Dreißigjährigen
Begegnet,
Denken beide ein Gleiches.

Der Vater denkt: Du bist und bleibst
Und warst immer ein Verbrecher!
Und er denkt: Was habe ich nur getan!

Er hat das Haus daneben gekauft.
Wasser sickert in den Keller ein.
Die Nachbarn helfen ihm,
Eine Drainage auszuheben.

Alle helfen,
Bis auf einen.

## *Der Gestaltwandler*

Ein Hahn ritt über die Straße, in der Mitte spaltete sich sein Hals, und einer wand sich heraus. Der war noch nicht zu beschreiben, weil er noch nicht fertig war. Er bekam erst sein Maul. Das wurde rot. Der Hahn ritt weiter, denn seine Beine hatten noch nicht begriffen, was oben geschah. Der Kamm hing seitlich vom Hals. Er würde von nun an zu nichts mehr zu gebrauchen sein. Mit dem Wind ritt das Heer der Käfer über ihn. Er ging unter. Der Hahn ging unter. Der Unfertige würde immer unfertig bleiben. Auf der anderen Straßenseite begann der Wald, dahinter war die Stadt. Die empfing ihn.

*Die Verschollenen*

Wenn ihr Mann sprach, lachte sie.
Aber sie lachte ihn aus.
Aber sie lachte, weil ihr gefiel, was er sagte.
Aber sie lachte, weil sie stolz auf ihn war.
Aber sie lachte, damit wir nicht meinten, sie sei stolz auf ihn.
Sie hatten das geregelt, weißt du.
Gegen Lachen war nichts einzuwenden.

An der Straße hinauf zum Sender stand ihr Haus.
Die Nachrichten flogen über sie hinweg.
Sie konnten sie nicht hören und konnten sie nicht sehen.
Sie erfuhren nicht, wenn anderes besprochen wurde,
Wenn anderes galt, wenn endlich etwas bewiesen worden war.
Die Plakate wuchsen über ihre Köpfe hinauf.
Wann wieder im Land und in der Welt gewählt wurde,
War ihnen nicht bekannt.

*Warten auf den Anschluss*

Wer hört. Wer sieht. Wer gibt:
Das Unkraut zwischen den Geleisen,
Den Abgang von den Bahnsteigen zu den grünen Dämmen,
Die alte kluge Freiheit, als wir elf waren,
Einen kühlen Abend im Mai,
Tiefe Wolken,
Einen Fuchs.

Und dennoch gehört alles uns.
Die einen bauen Häuser, die anderen vergiften sie.
Und lass dir nichts einreden: Du wirst deinen Tod als Mörder sehen.
Uns gehört alles. Reiß dich am Riemen!
Ich hole Verstärkung.

## *Gift*

Bemüh dich nicht um sie!
Brauchst nicht ihr Chauffeur zu sein.
Die Knie sind ihr spitz geworden.

Sein Argument lautet: »Meine
Abhängigkeit von ihr macht
Einen schlechten Menschen aus mir.«

Menschen werden aus der U-Bahn
Auf den Platz vor dem Dom befördert,
Wie aus einer Quelle dort unten.

Schon aus dem 1. Stock betrachtet,
Wird sein Argument erst weich,
Dann flüssig, zuletzt Galle.

*Sie sorgt dafür*

Sie sorgt dafür, dass die Kerzen
Auf den Kandelabern brennen.
Die fetten Männer gaben ihr eine Chance.
Sie beugt sich über ihre Feuerzeuge.
Geld macht sie heiter und schön.

Die fetten Männer geben ihr eine Chance,
Sie soll den Trost säen, den sie ernten.
Apoll, das hatte sie in der Schule gelernt,
Schoss seine Pfeile ab und säte
Die Pest unter die Achaier.

Mit langen Schritten ging er durch
Das Lager der Soldaten, unsichtbar,
Ließ den fetten Männern keine Chance.
Sie schrieb ihrem Bruder eine Mail:
»Ich kann nun selbst für mich sorgen.«

## *Rondo*

Drei junge Frauen,
Die im Halbdunkel sitzen
Und rauchen und Wodka trinken.
»Was denkst du?«, fragt sie.
Er zeigt auf die drei jungen Frauen,
Die im Halbdunkel sitzen
Und rauchen und Wodka trinken.

*Nichts geht mehr*

Ein Zustand unnützer Trauer: der Parteifunktionär,
Der in seinem Bett liegt und weint und das gern tut.

Vision: Eines Morgens haben wir das Wissen vergessen –
Was Moral, was Schönheit, was Logik einst bedeuteten.

Paris: Junge schöne revolutionäre Nationalisten
Ermorden einen achtzehnjährigen Afrikaner.

*Die Spanier*

Du lachst, und sie lachen mit.
Wir sprechen über Religion und glauben nicht.
»Aber das Mysterium will ich nicht aufgeben«, sagt einer.
In Mexiko herrscht die Musik der Gewalt,
Eine skandalöse Gewalt, weil sie heilig gesprochen wird.
Die Opfer sprechen die Gewalt heilig.

Ich beharrte darauf,
Dass er heimkehrt.
1960 kehrte er heim
Und war tief bewegt.
Seit dreißig Jahren lebte er im Exil.
Er ist zum Katholizismus übergetreten, das Schwein.

Der Hahn kräht,
Und sie lachen.
Es gibt nur Tragödie
Oder das Schweigen,
Den Hass auf die Bibel
Oder die großen Fahrten über das Meer.

*Nichts, absolut nichts!*


Sie kommen von zwei Seiten.
Groß sind sie nicht.
Etwas blinkt.
Eines Mannes Atem höre ich.

Und Gott in der Höhe,
Müde bist du,
Willst nicht schauen,
Kannst nicht helfen, mein Beschützer, lieb.

*Und vieles mehr*

Vis-à-vis vom Toyota-Ellenson hat der Poet
Sein Haus gebaut. Über seinem Land
Schwebt die Krone allen Trostes.

Wenn Geist sogar im Geschlechtsakt
Gesucht wird, so höre: Das zerbricht,
Das zerbricht, das zerbricht.

Dem da sind Wolken unheimlich,
Dem da die Freundlichkeit auf Intensivstationen.
Der würde gern wehklagen.

Der Poet aber will
In sein Haus zurückkehren.
In seinem Bett einschlafen.

*Drei einprägsame Momente*

Die Farbe der Haut weißer Männer,
Die auf Laken liegen;

Die gut gepolsterten Knie
Osteuropäischer Frauen;

Wir hören, wie kanadische Gänse die Luft schlagen,
Wenn wir bei Richard Ford darüber lesen.

*Ferne Frauenstimme*

Sie summt so süß, sie flüstert
In die Muschel ihrer Hand;
Du aber hast dein iPhone auf laut gestellt
Und stellst sie bloß vor deinen Freunden.

Von einem Heuwagen, sagt sie,
Habe sie geträumt. Kein Tag ohne Alkohol,
Nachts die Reue. Von einem Sportwagen
Habe sie geträumt, einem mit Weißwandreifen –

*»… von so einem hast du mir erzählt, erinnerst du dich, du erinnerst dich doch, oder? Und ich träume davon, das hat doch etwas zu bedeuten, meinst du nicht auch, aus den Tagen der letzten großen Filme mit Cary Grant, das hast du gesagt, genau so hast du es gesagt, du erinnerst dich doch …«*

Die Köpfe deiner Freunde hängen
An ihrer Stimme. Sie wünsche sich,
Sagt sie, mit Löwen Umgang zu pflegen,
Und dass ihre eigene Stimme
So nahe an ihrer Hand sie erregt.

Unter den Freunden ist einer,
Der überragt uns alle,
Er atmet Pest aus,
Sie fällt auf uns nieder.

*Der Idiot*

Mächtige Lippen hat der Idiot.
Ein wenig weniger,
Und sie wären schön.
Und hohe Augenlider hat er.

Und einen müden Blick hat er.
Ein Vorbild für die Tiere
Ist dieser einsame Mann.
Sein Haupt überragt sie alle.

Er schiebt sein Fahrrad
Und fürchtet, zu spät zu kommen.
Ein Stück weit folgt ihm die Katze,
Dann gibt sie auf.

*Der Zauberer*

Der Zauberer ist ein Mann,
Der von Tag zu Tag
Die Wörter wechselt.

Jetzt wartet er
Vor dem Schaufenster dort.
Siehst du ihn?

Er hat sich in Gleichgültigkeit gehüllt.
Er kann diesem da
Etwas vormachen und jenem.

Längst kränkt er sich nicht mehr,
Wenn ihm ein Trick misslingt.
Nachts im Hotel setzt er sich in den Sessel,

Ehe er zu Bett geht, er sitzt
Und schaut und denkt nichts mehr.
Der Zauberer ist ein Mann, der Wörter verwechselt.

Die Einsamkeit hüllt ihn ein,
Noch kannst du seine Züge erkennen
Durch die Wolke um sein Haupt.

Er hört das Lachen der Frau. »Warum
Lachst du?«, fragt er. Sie sagt: »Ich lache nicht.«
»Ich habe es aber doch gehört«, sagt er.

## *Gespräch im Aufzug*

»Ich habe oft über Keith Richards nachgedacht«, sagte er. »Ich habe beobachtet, dass es eine Zeit gab, als er nie lachte, und dann eine Zeit des Lachens. Meine Theorie ist nun die: Er ist ein Überlebender, und Überlebende lachen. Aber weiter: Kann man einen Überlebenden zu den Lebenden rechnen? Verstehst du, was ich meine? Ist Überlebthaben nicht einer anderen Klasse zuzuordnen als Leben? Und dann las ich in einer Zeitung, Johnny Depp möchte einen Film über Keith Richards drehen. Er halte ihn für ein mysteriöses Wesen. Ich saß im Frühstücksraum des Hotels und spürte etwas von ihm in mir.« – »Und jetzt?«, fragte ich. »Fühlst du es immer noch?« – »Da muss ich nachdenken«, sagte er. – Er dachte nach. – »Ja«, sagte er, »es ist noch da.«

## The End

Er überlege, ob er es so bezeichnen solle:
»Ich stehe vor den Trümmern meiner Ehe.«

Aber Metaphern geben das Leben nicht wieder,
Sie machen einen Witz daraus.

Berlin lag in Trümmern, das war keine Metapher,
Und Berlin ist wieder aufgebaut worden.

Er bezeichne es so: »Meine Ehe kann
Nicht mehr aufgebaut werden.«

Er schämte sich, weil ihm wieder
Nur eine Metapher eingefallen war.

Er sagte: »Es ist aus.«
An Orangen erinnere er sich,

An Mandarinenschalen auf Heizkörpern.
Alles, alles sei ihm ein Gräuel, sagte er

Und klammerte sich an meinen Ärmel.
Das Gesicht seiner Frau mache ihm zu schaffen.

»Es ist so sonderbar«, sagte er.
»Sie hat ein sonderbares Gesicht.«

»Was heißt das?«, fragte ich. »Was?«
Ein gewisser Blick, das meine er.

»Ich kann nichts für dich tun«, sagte ich.
Er bezeichnete es so: »Ich will nie wieder darüber reden.«

Er will nie wieder darüber reden.
Er wollte nie wieder darüber reden.

*Kirschen*

Ich möchte einer sein, der die Leiter
In den Kirschbaum lehnt.

Dann gehe ich entlang der frisch gemähten Wiese
Und über die Felder nach Hause.

Verzichten heißt nicht weglassen, sondern
Nehmen, was du brauchst. Hilfst du mir dabei?

*Pastorale 1*

Der Mais wächst
Nicht mehr höher.
Was noch nicht gut ist,
Wird es heuer nicht mehr.

Aus Holz bau ich
Mein Haus. Mein Traktor
In bleichem Türkis
Steht vor dem Eingang.

# IV.
# Raben

*Erinnerung an Frau Dr. Frey*


Sie wartete am Kai, hielt
Ihren Neffen an der Hand.
Ihr Liebster sah sie durch
Das Fenster der Fähre.

Und stieg nicht aus. Am Abend
Rief er bei ihr an. Warum sie
Nicht gekommen sei. Sie sagte,
Ein Freund von früher habe sie besucht.

Den Hörer in der Hand,
Blickte sie durch das Fenster
Auf den Verschiebebahnhof
Und das Gras, die Kräuter, die Wicken,
Die eisenhaltigen Blumen zwischen
Den Geleisen; auf die Brombeeren,
Die sich einen der Waggons
Genommen hatten; auf die Farbe
Des Abenteuers, nämlich den Rost,

Auf Männer, Frauen, Paare im Speisewagen
Der Schnellzüge aus Berlin. Einiges
Fehlte in der Aufzählung. Sie hoffte,
Ihr Liebster hatte es nicht vergessen.

*Sonntagsfriede*

Die Genossen von der Gewerkschaft,
Die den vollen Kassen nachtrauern,
Sitzen bei Mario's in Hietzing und
Halten Bürgerschau und
Essen Branzino mit Limette und Basilikum.

Der Stammeshäuptling spricht: »Es ist,
Als ob unsere Gesellschaft
Den grauen Star hätte. Die Menschen
Sehen keine Linien mehr.
Alles ist verschwommen.«

Gegen sieben stoßen die Damen dazu.
Die des Häuptlings trägt
Eine orangene Bluse offen über
Der schwarzen Hose. Sie bleibt
Lange hinter dem Sessel ihres Mannes
Stehen und massiert seinen Nacken.

*Die richtigen Fragen*

Wenn einer die richtigen Fragen stelle,
Führe das über kurz oder lang dazu, dass er:

Die Schuhe nicht mehr putze,
Die Vögel nicht mehr füttere,

Die Handschuhe nicht mehr benutze,
Die Rechnungen nicht mehr bezahle.

*Diese köstlichen leeren Tage*

Wir fliegen gern und rufen
Gern schräg nach oben.
Die Selbstmörder heißen hier:
Personen auf den Schienen.

Der Mann steht im Regen.
Nur wenige Schritte,
Und er wäre geborgen
Unter dem Vordach.

Er lenkt die Menschen
Vom Himmel ab.
Nun ist er die Sensation.

## *An einem Regentag im Mai*

Stöckelschritte
Über den Steinboden
Vor seiner Wohnungstür
Stören ihn nicht.
Er raucht und denkt.
Könnte nicht sagen,
Was er denkt.
Früher hatten
Schritte vor der Tür,
Zigaretten
Und Warten auf etwas
Zusammengehört.

*Der alte Moses*

Geduld ist die kleine Verzweiflung.
Gifte und Schlaf trösten,
Und auch die Musik am Morgen tröstet —

Nachdem wir uns voneinander
Verabschiedet haben und ich,
Anstatt das Arbeitszimmer aufzuräumen,

Den Steingarten pflege, in dem
Meine Gesetzestafeln stehen,
Unter jeder ein Grab.

## *10 Uhr 16 ab Zürich*

In der Bahnhofshalle
Steht sie und ist nicht bei sich.

Sie steht mitten im Leben
Und ist nicht bei sich.

Sie überlegt, ob Schokolade
Etwas vermöchte.

Sex würde helfen.
Sie sieht sich in der Menge stehen,

Als wenn sie schon einmal
Gewesen wäre, was sie ist.

*Duck dich!*

Duck dich, wenn der Dieb durch den Zug geht!
Das Geld klirrt wie die Sporen an seinen Stiefeln.

Als ich jung war, glaubte ich und zweifelte nicht –
Nur manchmal an meinen Lungen.

Der Joker rettete den da und die da
Und diente der Dame und stach den Ritter.

Und ich glaubte nicht und zweifelte
Und duckte mich, wenn der Dieb durch den Zug ging.

*Sommerabend*

Sie hebt das Baby aus dem Gras,
Nimmt noch einen Zug, lässt die Zigarette fallen
Und bläst den Rauch über den kleinen Kopf.

Der Vater streckt die Arme aus,
Die Tätowierungen auf dem Bizeps
Passen zu den Augen des Söhnchens.

Der Zug nach Zürich fährt
Über den Damm, für Sekunden
Verdeckt er die Sonne.

*Was ich dir unbedingt erzählen muss*

Ich sehe deinen halben Handschuh.
Ich höre dir zu. An bitteren Tagen
Fällt mir nicht ein, wie der Himmel
Über uns sonst noch sein sollte.

Ein Artikel über Peter Handke,
Darin sein weltfeindseliges Gesicht –
Wir wollen in das Papier
Ein Lebensmittel einwickeln.

Ein Mann kommt mir entgegen,
Den frisch tätowierten Arm
Mit durchsichtiger Folie überzogen.
Unten beim Kanal nisten Eisvögel.

*Große Neue Zeit*

Kinder fallen in Ritzen,
Da wischt man leicht darüber.
Sie tarnen sich mit dem Schmutz
Der Jahreszeiten – dem verwelkten,
Verfaulten Kraut, dem Streusand
Aus dem Winter, der Enttäuschung
Des Herbstes, der zertretenen
Marlboro-Schachtel. Wir müssen
Sie verloren geben.
Wir müssen sie verloren geben.

*Der Fingerabdruck der Verleumdung*

Ein Fingerabdruck der Verleumdung
Auf allem, was blüht und Heilung
Hätte bringen können. Ein Gruß
Aus der Hölle. Mir bricht das Herz.

Marions Ferse ist schon viel besser.
Mit normalen Schuhen gehen
Kann sie noch nicht, aber
Sie braucht keine Krücken mehr.

Die drei Akkorde einer alten
Rock-'n'-Roll-Nummer
Erheben sich aus den Lautsprechern
Zu ihrer Leibgarde.

Die Erkenntnis, dass die Natur
Keine Kommentare abgeben wird
Zu unseren Tragödien,
Bricht ihr das Herz.

*Eine knappe Stunde danach*

Deine Handschuhe
Liegen auf dem Kühlschrank in der Küche.

Ich kann sie dir mitbringen.
Schöner wäre, du kommst sie dir holen.

Pass auf, dass du dir nicht wieder den Finger einklemmst.
Unser Handtuch trocknet auf der Terrasse.

*Karfreitag 2016*

Mit erhobenen Händen
Standen sie
Um die Laterne,

Berührten
Einander
Am kleinen Finger.

*Der Rabe*

Der Mann hat nichts
Gegen mich in der Hand.
Nur der Rabe ist Zeuge.

Dieser Rabe dort,
Der sich vom Wegrand erhebt,
Die Flügel so schwer,
So müde.

Aber wenn er erst
Durch die Lüfte schwingt,
Über die Dachgiebel,
Hinauf zu den Spitzen
Der Starkstrommasten,

Und ich
Besitze nicht einmal
Eine Waffe,
Ihn zu erlegen.

*»The woods are lovely, dark and deep«*

Ich ging im Sommer
Durch den warmen Wald,
Im Winter über das Feld,
Es war weiß wie der See.

Ich hörte das Schießen,
Es klang, wie meine
Alte Schreibmaschine
In alter Zeit geklungen hatte.

*Was einer beinahe gesagt hätte*

Er habe Angst, bekehrt zu werden.
Dass einer ihm klarmacht
Sein liederliches Leben.

Er betrüge seine Frau, gesteht er,
Mit drei anderen Frauen,
Die er wiederum betrügt.

So schaffe er ein eigen Glück.
Mehr dürfe niemand von ihm verlangen,
Im Himmel nicht und nicht auf Erden.

Wenn allerdings die Sache auffliegt,
Dann wird er allein sein.
Darauf sei er vorbereitet.

Der Eintritt ins Paradies.
Sein Eintritt ins Paradies,
Hätte er beinahe gesagt.

## *Nachts im Hotel*

In diesen deutschen Städten habe sie,
Erzählt sie in der Nacht in ihren Hörer hinein
   (im Vertrauen, der Freund legt nicht auf oder hat nicht
   schon aufgelegt)
Aus einem hämischen Trotz heraus,
In der Einkaufsstraße nach etwas Obst gesucht
Und nichts gefunden
Und daraus geschlossen,
Dass sich diese Menschen hier selbst nichts wert sind.

Er wartet und widerspricht ihr:
Es wären doch sicher die vielen Farben zu loben gewesen.
»Ist dein Hotel in Ordnung?«, fragt er.
»Ich sehe es nicht«, antwortet sie.

Bei der Formulierung »sich selbst nichts wert«
Wollte er sie unterbrechen und
Ergänzen: Die Bürger sitzen den Tod ab,
Bis der Tod kommt.
Aber was für ein Unsinn wäre das gewesen!
Er kennt ihre Vorliebe, Gespräche im Dunkeln zu führen.
Er vermutet, sie verzieht dabei ihr Gesicht zu einer Fratze.

*Das Interview*

Jetzt läuft uns hier etwas weg,
Das wollen wir wieder einfangen.
Ein zerlumpter Haufen.
Die Typen könnten uns zum Problem werden.
Stolz ist die Axt auf den Schädel – ha, ha, ha.

Er legte seine Hand
Auf die Hand der Reporterin.
Er habe taumeln wollen wie ein heiliger Narr,
Stammeln wie ein geblendeter Prophet.
Man fühlt sich besser als Mann mit einer Waffe.

Als geschehen war,
Was geschehen war,
Lief er fort.

*Die weite Welt*

Trägt eine Männermütze und steht breitbeinig.
Wippt breit in den Knien, wie es Männer tun,
Wenn sich ihr Hodensack in der Unterhose verklemmt hat.
Sie kaut ein Gummi, spuckt es aus,
Fletscht die Zähne.
Sie greift in die Tasche,
Holt eine Schachtel Aspirin heraus,
Drückt eine Tablette in die Hand,
Wirft sie ein, kaut und schluckt
Und verlässt den Zug an der Haltestelle Pilgramgasse.

*Großer Rückblick*


Die marmornen Säulen,
Man kann sie jetzt bestellen.
Günstiger wären sie im Winter gewesen.

Unsere 3000 Jahre,
Warum sollten die eine Last sein?
Rückblick wiegt nichts.

Und verdirbt nichts.
»Komm doch einmal
Zum Beispiel zum Abendessen«, sagt er.

Er hat sich einen roten Porsche
Aus den 60er Jahren gekauft
Und renovieren lassen.

Er transportiert Blumenerde
Auf dem Beifahrersitz.
Oh, die jungen wilden Jahre!

Was soll ein Traum
In der Vergangenheit ausrichten?
Ein Blatt in Gottes Wald.

Mir nichts dir nichts
Ist es Mai geworden.
Vieles wird jedes Jahr besser.

*Letzte Freiheit*

Das Märchen beginnt in den Wäldern,
In den Städten endet es.

Du zeigst mir, wo es das schönste Gemüse gibt.
Ich weiß über anderes Bescheid.

Wir fliehen aus unseren Behältnissen.
Hornissen, Bienen, Hummeln, Wespen – kleine
   nützliche Feinde.

Du legst dich über das Heck des Bootes
Und befreist die Schraube vom Tang.

Und ich
Sehe dir dabei zu.

# V.
# Ein Hund mit blauen Augen

*Die Unterlippe*

Die Frau, mit der er seit zehn Jahren zusammen ist,
Nicht zusammenlebt,
Erkennt er, wenn er ihr auf der Gasse begegnet,
Vorausgesetzt, es ist Sommer und sie trägt etwas ohne Ärmel,
Zuerst an der Tätowierung,
Ein Salamander vom Ellbogen aufwärts,
Köpfchen oben, mehrfarbig.
Ansonsten, wenn er ehrlich ist,
Gut, am Hund würde er sie immer erkennen.
Andererseits auch wieder nicht traurig, sogar ein Kompliment:
Sie sieht aus, wie man aussehen möchte,
Alles nahe am Ideal.
Und genau das falle nicht auf,
Tätowierung aber schon,
Und Hund auch.
Der ist ein Köter, hinten hinkt er.
Sie hingegen habe einen unauffällig makellosen Gang.
Auch die Kleidung: nichts Außergewöhnliches.
Außergewöhnlich sei zu neunundneunzig Prozent hässlicher,
Als man es sich wünscht.
Sie aber sieht genauso aus, wie sie aussehen möchte.
Wenn sie betrunken ist, am Ende einer Woche voller Anschiss
Und Xanor gegen die Flex im Hirn und Sex aus Vernunftgründen –
Nicht, dass sie das so empfindet, aber er empfindet das so –,
Dann sieht sie manchmal außergewöhnlich aus,
Die Unterlippe zum Beispiel.

*Blau*

Ich bin ein Hund.
Ich stamme aus dem hohen Norden.
In meinem Auge ist das Eis.
Tritt Blau mit Willkür auf,
Hat es nichts verloren auf Erden.

*Hiob*

Ein Polizist und eine Polizistin klopfen
An die Tür des Direktors.
Anzeige sei erstattet worden.

Ein Mann in einem blauen PKW –
Es könnte ein Mazda sein oder ein Honda –
Halte neben Buben und fordere sie auf einzusteigen.

Wenn sie wollten, sage er,
Dürften sie junge Katzen streicheln,
Eis gäbe es auch.

Man solle die Eltern warnen,
Auch Bekannten sei grundsätzlich nicht
Zu trauen, im Gegenteil.

Eingestiegen sei bisher noch niemand.
Ein Rundbrief an alle Eltern mit Briefkopf der Schule
Werde aber dringend empfohlen.

Und doch war ein Bub eingestiegen.
Der Vater besorgte sich eine Waffe.
Die Mutter wurde in eine Klinik gebracht.

Die Polizei stellte ein Suchkommando zusammen.
Man arbeitete im unmittelbaren Umfeld.
Man arbeitete auch mit Hunden.

Aber dann kam der Bub zurück,
Lachte wie ein Mann und erzählte, er habe
Junge Katzen gestreichelt und Eis gegessen.

*Neue Frauen, neue Gedanken*

Sie ist so liederlich! Aber
Die Männer begehren sie,
Sie kennt es anders nicht.
Sie muss sich nicht pflegen.

Vor ihrem Fenster schalten
Die LKW in den kleineren Gang.
Das geht die ganze Nacht so.
Sie hat keine Schlafprobleme.

Ich sag dir, wie das mit ihr ist.
Frag sie, ob sie überhaupt je
Ein Problem gehabt hat.
Sie wird sagen: Nein.

Dann wirst du gehen,
Die Tür nicht schließen,
Damit eine Hoffnung bleibt.
Du wirst sie nicht fragen.

*Ein Paar*

Sie presst
Mit den Handballen
Die Augäpfel in den Kopf hinein, das tut gut.
Sie ist sechsundzwanzig Jahre jünger als der Mann,

Den sie,
Bevor er abflog,
Auf ihren Schoß gepresst hat. Er ist so lieb.
Hilflos ist er. Weiß so viel von Diesseits und Jenseits.

Aber wenn sie
Von Hamburg reden,
Was sie gern tut, weil dort Menschen leben,
Die zu ihr gehören, dann bewundert er sie, die Welterfahrene,

Die immer
In letzter Minute
Am Flughafen eintrifft, die bei Start
Und Landung nicht betet. Sie ist dem Schöpfer gewachsen,

Der sie
Empfangen könnte.

*Alte Liebe, alte Süchte*

Und da lächelt sie,
Und sie lächelt wie ihre Mutter.
Dass sie den Schnaps mag, sagt sie,
Den Schnaps und die Musik aus Hawaii.

Um ihren Zeigefinger klebt ein Heftpflaster.
Aus dem Augenblick eines alten Glücks heraus
Frage ich sie, wie das passiert sei.
Am Nebentisch höre ich erzählen:

»Erst übergab er die Macht,
Um das Geld zu retten,
Dann übergab er das Geld, um die Haut
Zu retten, am Ende hängten sie ihn auf.«

Nein, nein! So spricht hier keiner!
Hier liegen die Spatzen im Moos.
Und leben noch.
Tiere denken nicht: Jetzt kommt der Tod!
Ihre Kadaver sind hässlich.
Und wir haben kein Mitleid.

Der Kellner sieht aus wie Donald Sutherland,
Um den Mund herum nämlich.
Aus dem Lautsprecher hören wir
Eine Nummer von *The Young Rascals*.

»Ich habe Ihre Mutter gekannt«, sage ich.
»Das weiß ich doch«, sagt sie.
Und hat in der Zwischenzeit
Nicht aufgehört zu lächeln.

*Soldaten*

Wir sind Soldaten.
Nur wir, ihr nicht.
Ihr seid Zivilisten.
Soldaten des Augenblicks.

Der Zivilist krümmt den Finger,
Der Bürger liebt Bücher
Und seine Frau.

Wir sind tot. Von den Himmeln herab
Fällt Sonnenstaub.

Unser Sold.

*Was, wenn*

Neben dem Eingang zum Schwimmbad liegt
Das ausgebrannte Auto – eine psychische Krankheit,
Angenommen, unsere Stadt wäre ich.

Ich esse kaum, schlafe wenig, weine heimlich.
Was, wenn keine Chance mehr bestünde, gerecht zu sein?
Einmal entdeckt, kann man nicht mehr verschwinden.

### *Anruf am Nachmittag*

»Der Down Jones sieht gut aus«, sagte sie.
»Liegst du?«, fragte er.
»Wieso? – Wieso?«
»Deine Stimme.«
»Ja, ich liege.«

Sie sei aber nicht gelegen. Die Stimme
Sei ihr rau geworden und zusammengebrochen.
Sie habe den roten Balken gedrückt
Und am nächsten Tag behauptet,
Das Netz sei ebenfalls zusammengebrochen.

Wenn doch nur die Vögel,
Die Motorräder,
Stürme und Regen,
Schreie aus der Nachbarschaft
Ein Orchester geboten hätten!

*Vier*

1

Man hält ihn für einen Lügner,
Und er verhält sich, als wäre er
Darauf gefasst, ertappt zu werden.

Seine Kleidung wird als Verkleidung
Empfunden, seine Mütze als Anbiederung.
Aus seinen Erfolgen macht man Zufälle.
Er lügt uns sein Fremdsein vor.

2

Sie hat sich ein Fahrrad
Mit einem hohen
Lenker gekauft.

Sie will aufrecht sein.
»Nicht in einem
Übertragenen Sinn«,

Sagt sie, »sondern weil
Ich so schöner bin.«

3

Es gelingt ihm, von Habgier
Zu Habgier die Welt
Zu erfinden, indem er sich selbst
Als Erfinder erfindet.

Seine Währungen haben Namen:
Haus am Bahndamm,
Durchstochenes Ohrläppchen,
Meldung aus dem alten Christentum,
Usw.

Er ist die Börse,
Die er erfindet,
Und der Analyst, der sie durchleuchtet.

4

Sie sieht ihren Sohn vor sich
Und gleich
Seinen kleinen kräftigen Rücken.

Sie würde ihn
Und seinen Vater und seinen Bruder
Verlassen.

Verdammt, setz nicht
Auf Redlichkeit und
Treue des Lebens!

*Menetekel*

Im Wind über der Rollbahn
Heben sich, kreisen, sinken nieder
Weite Zeitungsseiten
Wie noch nach dem Tod gequälte Kreaturen.

*Die Erste*

»Wie ist einer je auf so etwas
Wie die indirekte Rede gekommen?
Aus welcher Not? Weißt du's?«

»Es ist«, sagt er, »ein Rätsel.«
»Aber ein anderer weiß es vielleicht?«, fragt sie.
»Wer könnte das wissen wollen?«, fragt er.

»Kann es sein«, fragt sie, »dass ich die Erste
Bin, die das wissen will?«
»Ich denke, du bist die Erste«, sagt er.

*Pastorale 2*

Sie wollte ihr erklären,
Wie das ist mit ihrem Hund,
Das hundertmal Gehörte,
Da sprang er ihr an die Brust.

Sie schrie und schlug nach ihm.
Und es waren zu sehen: zwei Frauen
Und ein Hund in diesem großen
Verregneten Frieden von weitem.

*Mit den Tieren*

Wir sitzen mit den Hieroglyphen von Tieren am Tisch.
Das umgedrehte Ypsilon im Gesicht des Löwen,
Die blauen Augen des Nordhundes,

Wir trinken Coca Cola und tippen Nachrichten.
Der Dicke erzählt von einer Chinesin,
Die er in den Mund gefickt hat.

*!*

Zu Herzen nehmen und notieren:
Die Arbeit am großen Kunstwerk,
Beten im rechten Moment,
Der Abfallgeruch von der Schweiz herüber,
Der Geruch der Kabinen im Schwimmbad,
Wasser in die Nase ziehen,
Die Zukunft außer Acht lassen,
Vorbild für einen schönen Arsch.

Dann geh einkaufen!
Hab eine Ruhe!
Gib viel Geld aus!
Rede nicht schlecht
Über das Geld!

*Wer wartet*

Wer wartet, hofft, er wird vergessen.
Wer allein ist, ist es gern.
Die Auserwählten möchten zudem schön sein.
Wir hören Unseresgleichen.
Der Mensch boxt
Und hinkt.

*Die Prediger*


Die Prediger reiten auf hellen Pferden.
Es reicht nicht, gut sein zu wollen.
Die Sonne dringt nicht unter die breiten Krempen.
Mir scheint, es kommt Regen.

Die anderen Prediger riechen streng,
Tabak und Zwiebeln auf ihren Fahrten.
Die dritte Sorte kentert. Einer von ihnen war ein Däne.
Gras wächst durch seine Rippen.

*Im Haus des Notars*

Solche Vornehmheit
Erlebte ich nie wieder.
Es gab nur die besten Speisen.

Ihre Düfte harmonierten
Mit dem Geruch der Putzmittel
Und dem Rasierwasser des Herrn.

Auch das Pfeifen der Vögel im Garten
War unverwechselbar. Es tat gut, mit Sie
Und mit Vornamen angesprochen zu werden.

Die Berge mit ihren Nebelfahnen –
Als würde von dort aus
Die Erde niederbrennen.

*Kurz vor der Umkehr*

Rocks werden nicht fortgeblasen, sonst alles.
Der Bärtige zieht zwei Paar Handschuhe über.
Wir werden uns ein bisschen mehr mögen müssen.
Lern mich riechen an jeder Stelle meines Körpers!

Ein Kind hustet wie das andere. Im Geschlechtstrieb
Seien die Unterschiede am geringsten. Das Ziel des Tages:
Nicht der Müdigkeit nachgeben, lernen, sortieren,
Besser hören als sehen, besser riechen als hören.

*Der Türke*

Gehasst weiß sich der junge Türke.
Seine Koteletten sind scharf geschnitten.

Er meidet inzwischen dunkle Farben.
Im Stadtpark schlurft er durch das Laub.

Ein wenig interessiert er sich für Motoren.
Die Krähen auf den Bänken beobachten ihn.

Sein Schritt vernichtet das Leben im Untergrund.
Niemand wird sich an seinen Auftritt erinnern.

*Der 10. Dezember 2015*

Der Abend endete mit dem Wunsch,
Eine Figur aus dem Song
»I'm a Fool to Want You« von Frank Sinatra zu sein.

Der Tag begann mit dem Wunsch,
Einen Hauch Frühlingsluft zu erhaschen,
Auf dem ich zurück in mein dreizehntes Jahr
Getragen würde,
Als das Wünschen gerade noch geholfen hat.

Zu Mittag wärmte ich das Essen von gestern auf.
Dennoch lobte mich Monika.
Sie erzählte mir ihren Traum:
Wir beide liefen Hand in Hand
Durchs Feuer.

Am Nachmittag ging ich mit dem Handwagen
Zur Post, um ein Paket abzuholen,
Und nahm einen Umweg.
Es war aber nur ein eingeschriebener Brief.

In der Nacht fiel mir der erste Satz
Zu einem Essay für eine Architektenzeitschrift ein:
»Als Adam sein Fell abschüttelte ...«

## *Tag der Schwärme*

Ein Zeichen am blauen Himmel – richte den Blick zur Erde!
Immer noch geben Menschen Geld aus, um sich zu schmücken.

Mir verleidet die Ohnmacht.
Wer sich wehrt, kriegt blaue Flecken.

Was wir nie für möglich gehalten hätten:
Wir liefen die Straße hinunter.

Ein gutes Drittel von uns hatte Probleme, schätze ich,
Probleme mit dem Luftholen oder den Gelenken.

Warum weist der Mensch die großen Geschenke zurück?
Wir waren mitten in diesem Gedanken, als es losging.

Die Frau mit dem asiatischen Gesicht
Und den schwarzen Zöpfen hielt die Hand ihres Mannes fest.

Meine Schwester ist im Sommer geboren.
Schnee sei gefallen, Gelächter überall.

Das einzige Rätsel heißt: Ende. Warum dann aber
Die Backsteinhäuser, die stabilen Brücken, die Fahrt zum Mond?

Meine Hemdsärmel sind zu eng, die Brille rutscht,
Das westliche Heer marschiert durch die Fußgängerzonen.

Endlich steht einer auf und brüllt,
Wie sehr er diese Stadt hasse und ihre Uniformen.

## Der Cowboy

Wär ich ein Cowboy, ich liebte das Feld
Vor meinen Augen bis zum Horizont.

Gegen den Wind sänge ich an, und du,
Du wärst die, deren Stimme zu mir dränge.

Das Grün, würdest du sagen, ist nun da,
Wir haben Ende März, komm zurück!

Und ich würde denken: Sag: Komm zu mir!
Und du würdest sagen: Ich warte auf dich.

*Mein Melodram*


Komm, hör dir an mein Melodram
Mit meinem lieben Gott.

Am Morgen in der Küche sehe ich
Die Spur seines nächtlichen Betrugs.

Ich rufe nach dem Moses. »Lass ihn!«,
Sagt mein Gott, erschöpft von den Ekstasen,

Und ich will ihm vergeben. Ich will
Am Nachmittag wieder allein sein

Und meine Gedanken haben
Unten beim alten Rhein,

In der Art der Eiche, die all
Ihrer Blüten nicht achtet.

*Inhalt*

I. Tiger und Löwen
Nachtgebet 7
Der Tod in verschiedenen
   Erscheinungen 8
Roman 9
Auferstehung 11
Mystik 12
Anführungszeichen aus Sonne 13
Kulturen 14
Nahe am Auge 15
Letzter Versuch 16
Begegnung auf Plakaten 17
Ein Gleichnis 18
Hier wohnen wir 19
Bleib im Hotel! 20
Er und ich 21
Mississippi 22
Mister Minister 23
Der Bildermann 24
Heimkehr 25
Der Jäger 26
Späte Verzweiflung 27
Kassandra 28
Wär ich ein Wolf 29
Der Helm des Kriegers 30
Die Familie 31

II. Amseln
Jedes Blau im Bild ein Auge 35
Der Andere 37
Auf dem Markt 38
1. Mai 39

Alte Freundin 40
Eine Minute 41
Für Lorenz 42
Zwei Worte 43
An den Schienen 44
Eine Frau, die gern geblieben wäre 45
Heißer Sonntag 46
Die heiligen Geräusche 47
In den Wäldern der Nacht
   (In the Forests of the Night) 48
Berge und Meere 49
Die Mitte von allem 50
Unten am Fluss 52
Falls es nicht für dich ist 53
Vor dem Sonnenuntergang 54
Verteilung der Erzengel 55
Augenblick der Abkehr 56
Bei den Wellen 57
Die Kindheit der Dämonen 58
Gegen Sommerende 59

III. Hähne
Mein alter, guter Freund 63
Nach der großen Regennacht 64
Der Verbrecher 65
Der Gestaltwandler 67
Die Verschollenen 68
Warten auf den Anschluss 69
Gift 70
Sie sorgt dafür 71
Rondo 72
Nichts geht mehr 73

Die Spanier  74
Nichts, absolut nichts!  75
Und vieles mehr  76
Drei einprägsame Momente  77
Ferne Frauenstimme  78
Der Idiot  79
Der Zauberer  80
Gespräch im Aufzug  81
The End  82
Kirschen  84
Pastorale 1  85

IV. Raben
Erinnerung an Frau Dr. Frey  89
Sonntagsfriede  90
Die richtigen Fragen  91
Diese köstlichen leeren Tage  92
An einem Regentag im Mai  93
Der alte Moses  94
10 Uhr 16 ab Zürich  95
Duck dich!  96
Sommerabend  97
Was ich dir unbedingt erzählen
    muss  98
Große Neue Zeit  99
Der Fingerabdruck
    der Verleumdung  100
Eine knappe Stunde danach  101
Karfreitag 2016  102
Der Rabe  103
»The woods are lovely, dark
    and deep«  104

Was einer beinahe gesagt hätte  105
Nachts im Hotel  106
Das Interview  107
Die weite Welt  108
Großer Rückblick  109
Letzte Freiheit  110

V. Ein Hund mit blauen Augen
Die Unterlippe  113
Blau  114
Hiob  115
Neue Frauen, neue Gedanken  117
Ein Paar  118
Alte Liebe, alte Süchte  119
Soldaten  121
Was, wenn  122
Anruf am Nachmittag  123
Vier  124
Menetekel  126
Die Erste  127
Pastorale 2  128
Mit den Tieren  129
!  130
Wer wartet  131
Die Prediger  132
Im Haus des Notars  133
Kurz vor der Umkehr  134
Der Türke  135
Der 10. Dezember 2015  136
Tag der Schwärme  137
Der Cowboy  138
Mein Melodram  139

*Michael Köhlmeier*, 1949 in Hard am Bodensee geboren, lebt in Hohenems/Vorarlberg und Wien. Bei Hanser erschienen u. a. der Gedichtband *Der Liebhaber bald nach dem Frühstück* (Edition Lyrik Kabinett 2012) sowie die Romane *Abendland* (2007), *Madalyn* (2010), *Die Abenteuer des Joel Spazierer* (2013), *Zwei Herren am Strand* (2014) und *Das Mädchen mit dem Fingerhut* (2016).